DE L'OBSCURE ETINCELLE

Levée d'ancre

Collection dirigée par Michel Cassir et Gérard Augustin

Levée d'ancre est une nouvelle collection privilégiant l'écriture poétique. Elle se propose d'abord de publier, au-delà de la division des genres, la poésie sous toutes ses formes ; de la précise ciselure du vent aux nouvelles, y compris le « noyau de prose » par lequel l'œuvre exprime ce qu'il y a de plus actuel, dans sa construction d'un sens de la poésie.
Ensuite, multiplier les accès à cette poésie, tant par les anthologies critiques, les ouvrages collectifs, que par les échanges entre écrivains et lecteurs, les rencontres entre la poésie, les différents arts et la vie.

Déjà parus

13- Myrta SESSAREGO, *Frôlement d'ombres,* Roce de sombras, (Anthologie personnelle bilingue), 2004.
12- Fernando BELTRÁN, *L'homme de la rue,* 2003.
11- Sebastian REICHMANN, *La cage centrifuge,* 2003.
9- Michel CASSIR, *L'infini rapproché par les cornes,* 2003.
8- Yannis YFANTIS, *Le temple du monde*, 2003.
7- Constantin ABALUTA, *Les chambres les parois*, 2002.
6- Anthologie, *Méditerranée ombrageuse voyance,* 2002.
5- Gérard AUGUSTIN, *Le retour du temps*, 2002.
4- Enrique FONSECA GONZÁLEZ (trad. de l'espagnol par Michel Cassir), *Ixchel*, 2002.
3- Hoda ADIB, *L'intempérie des mots aux sources anonymes,* 2002.
2- Ayyappa PANIKER (trad. de l'anglais par Gérard Augustin), *La migration des tribus*, 2001.
1- Nanos VALAORITIS (trad. du grec et de l'anglais par Gérard Augustin), *Mon certificat d'éternité*, 2001.

Six poètes

DE L'OBSCURE ETINCELLE

Nouvelle poésie d'expression française

Préface de Michel Cassir

L'Harmattan
5-7, rue de l'École-Polytechnique
75005 Paris
FRANCE

L'Harmattan Hongrie
Kossuth L. u. 14-16
1053 Budapest
HONGRIE

L'Harmattan Italia
Via Degli Artisti, 15
10124 Torino
ITALIE

ISBN : 2-7475-7270-6
EAN : 9782747572705

Préface

Au-delà des sentiers escarpés et quelquefois lumineux de sa propre création, le rôle du poète est celui du sourcier qui fait jaillir à l'air libre ce qui recelait déjà d'une abondante vie souterraine. Découvrir des poètes est encore plus mystérieux que l'exercice de l'écriture. Poètes en mouvement, dont le creuset des mots lance des appels comme une traînée d'éclairs défiant l'emprise du ciel sur nos désirs.
Je n'ai jamais cru dans les catégories au sens étroit du terme, ce ne sont que des vues « domestiquées » de l'esprit, qu'elles soient poétiques ou autres. Ainsi, cette anthologie de voix actuelles et vitales de la poésie francophone inclut aussi bien de très jeunes auteurs que d'autres qui le sont moins, du simple au double d'un point de vue comptable. Poètes au cœur même des bonds secrets, introspection et conquête de sonorité, d'espace.
À travers l'aventure de six poètes, hommes ou femmes, de provenance variée, qu'elle soit régionale en France ou d'ailleurs (Liban, Iran), la singularité de la parole et la vraie sève qui ravage et nourrit la vision. Sonder ces six êtres à travers le miroir de leur poétique et d'un ensemble de textes souvent inédits. Les œuvres sont en formation pour la plupart, plus assurées pour d'autres, possédant malgré tout une communauté de rêve, de révolte et d'amour absolu. Amour du mot, mais aussi défiance vis-à-vis du sens commun, besoin de vie plus réelle qui se manifeste par le voyage des sens exaltés ou ténébreux. On retrouve souvent un lyrisme où la rupture artificielle entre la poésie et la prose n'existe plus. Poésie rarement dupe du chant des sirènes et de la gloriole littéraire. Artisanat de flèches et d'étranges instruments pour accompagner le regard sublime et fragile de la vie.
David Sylvestre : "Cette parole me cherche, en même temps qu'elle se cherche". Le poète est avant tout réceptacle, il recueille la matière des vents qui le sculpte et se retourne sur

elle-même pour aiguiser sa perception et sa clairvoyance. La parole est ainsi le relais qui passe de l'un à l'autre dans la merveille et l'inquiétude. L'épreuve personnelle née de l'écoute irradie, elle suscite de nouvelles éclosions, de nouveaux cheminements. La parole crée le poète qui relance la balle comme une quête réversible de l'autre.

Eric Faye : "Le poème ne doit pas dire la sensation, il doit faire sensation". Il revendique son éclat propre à une époque où tout se glisse dans un moule intime mais apeuré, pesant le moindre soupçon de risque, lequel n'est pas une variante de l'appareil publicitaire, mais la présence qui brûle, inverse l'ordre, recrée les pôles de l'être humain. On ne peut s'empêcher d'évoquer ici André Breton : "la beauté sera convulsive ou ne sera pas". Elle est à la source de la provocation : le poème se pare de l'instant comme un coup de poing fantastique qui disparaît, mais dont l'écho résonne encore sous d'autres formes. Emprise du poème comme de la tempête et de son évocation.

Reza Hiwa : "Le poète use son destin, pour éviter d'en être usé". On imagine ici un vieux marin partagé entre les fatigues millénaires et le sursaut imprévisible qui met tout en péril. Intelligence de cet ange intérieur rouant de coups l'histoire infamante. Le poète aura acquis l'envers de la dignité en allant au bout de l'ignominie pour ressusciter de ses plaies, sans aucune illusion à part le pouvoir d'étonner son propre destin nauséabond. Ici prend toute son ampleur la puissance que l'exil offre au poète. Elle est plus de l'ordre de la prise en charge et la re-création d'un monde fuyant, souvent hostile, que de la compensation pour un malheur injuste.

Frédéric Pouchol : "Intrus de haute mer, ébloui par cette clarté intime". Le poète possède une poitrine trop large, fruit de son aventure distillée dès l'enfance dans la mémoire et comme disait Baudelaire : "Ses ailes de géant l'empêchent de marcher". Il vacille à l'approche de la caresse crépusculaire, ses yeux brillent de ses sels lointains lorsqu'il

expérimente la griffe qui le possède. Alors, tout se mêle : le terroir, l'étrangeté, l'extrême délicatesse muée en violence sourde, décuplée par le galop de l'image.
Juliette Tourret : "Je suis tour à tour ici et ailleurs, belle et monstrueuse les deux en même temps, un miroir obsédant un miroir reformant hypothétique conscience de verre". Le poète est de plain-pied dans le monde réel, sensible à tout frémissement, à toute variante de l'angle d'attaque. Il reflète son âme multipliée par les autres, par le flux de vie. Sa conscience, comme la douleur et la création, est proche de la brisure, de l'insoutenable et « hypothétique » transparence. Ce que le poète a accumulé de litanies, d'éraflures et de désarroi fermente et se métamorphose en liberté qui prend corps dans l'imprévu. L'expérience a tous les rythmes et se pare aussi bien de royauté que d'ivresse pour mieux s'infiltrer dans la peau du temps.
Ritta Baddoura : "J'ai perdu mes deux seins, je ne sais plus où est mon cœur". Il y a une autre vie parallèle où l'image arrache, subtilise et réinvente le sens. On n'en perçoit pas la différence à premier abord, tout au plus une légère oscillation du souffle. Mais le mal ou le bonheur ont déjà fait leur chemin ; ils transfigurent la réalité qui a perdu tout carcan. Alors, où peut bien se trouver le cœur que l'on savait apparemment bien lové entre deux mystérieuses collines ?
Ces poèmes confrontés les uns aux autres ont un effet de retournement, certains pour tenter de maîtriser leur destin, d'autres pour se laisser griser avant de s'incarner. Ames fortes ou subtiles de poètes qui cherchent à créer un "lieu", où vivre devient enfin "possible".

Michel Cassir

Rita BADDOURA

Ritta Baddoura est née en 1980 à Deir-el-Kamar au Liban. Elle vit et étudie à Beyrouth.
Elle a déjà publié "Etoiles d'araignée", *poésie*, paru aux éditions MOKHTARAT en mars 2000 et "La naissance du dé", *poésie*, paru aux éditions DAR AN-NAHAR en octobre 2003.

Amorce diptyque d'un avènement

1. Poésie: contingente insoupçonnée. J'erre dans l'infini nocturne de l'attente. J'hallucine son passage. Incarnation du voyage sensible dans le souffle. L'ubiquité prend l'émotion pour étoile. Muscles, nerfs, os, vaisseaux, viscères relèvent mon corps dans leur tension douloureuse que seule la révélation déféra.

Sinon, silence cloisonnant moiteurs internes cerveau aride peau soucieuse.

Le choix des armes blanches, parce que la vérité sans cesse s'étonne. Je saisis, l'une après l'autre, les lettres à bras-le-corps. Je veille puis saccage pour que cessent les alliances hypocrites, les séductions de loi ou de coutume, les festins précis. Hérésie.

Oser en éclaireur frôler l'espoir de l'évidence-unité. Je pressens l'absolu indicible et fervent. Les mots s'écroulent, envahissent mon histoire; intraitable assaut de l'imaginaire par l'imaginaire. Rapprochements inouïs, étreintes émouvantes, le sens écorche sa mante de maux. Vaste, il résonne.

Aphasique, lumineuse, intense de synesthésie, la peau-mémoire se fait horizon. Le souffle, par une audace de l'enfant-sorcière, la contourne. Clairvoyante elle se détourne; éclosion nébuleuse.

Volupté de l'articulation. Les dents de mort sont plus douces, les lèvres de vie plus violentes. Emergence d'un lieu privilégié d'épreuve et de rencontre. Je m'avance. Mes pieds se mettent à prononcer. Rythme, sonorités, nuances, texture érigent de singulières architectures.

Chaque blanc, chaque rupture entre deux mots est relation.

Calligraphie: le corps pétri d'écriture se dresse, passerelle plastique, dessus l'aimant aquatique de la pensée. Limiter le besoin de mots au profit des constellations du désir. Ravissement. Le sens est-il création sinueuse, antre de retrouvailles ?

Ou encore: le sens nous crée-t-il à mesure que nous le découvrons ?
Fêlure du poème dans les murailles ancestrales du langage. Afin que s'infiltrent la beauté inquiète, l'horrifiante et sereine jouissance.
Pleine connivence. L'un par l'autre, l'un en l'autre: l'amour la poésie en expansion perpétuelle.
2. Proximité monstrueuse ma peau captive d'attendre le retour d'une gare   A bord des rives-cierges fillettes enneigées étendent du firmament purpurin le frêle pèlerinage
Dans le sommeil ce corps divise ses écorces Une immense saison la vie se dévêt expose sur la plage toutes ses nervures
Boire l'eau verte au ventre des cadavres soigneusement défaire les tresses de raison
Osciller sans crainte   les pores commémorent la ténue lucidité
Effusion du souffle sur la surface intense du langage La peur s'y déploie rose orange gigantesque   tandis que glissent sous les arbres ces sirènes substances
Dans l'herbe froide entrebâillée chante l'infante toutes ses bêtes s'esquivent Angoisses repues d'elles-mêmes doucement fissurent les armées de verre Amoureuses se couchent à chaque phrase et trempent dans le vin des vases toute nuque meurtrière
A tâtons la nuit cherche ses chaussures
 le sommeil n'a pas de carapace il tient entre deux lèvres illisible repas la haine des convives labyrinthe l'instant dans lequel se dévide ma pelote de sang
Mon ombre m'accable m'épouse sous ses taillis de fers Du bout de mes doigts le sens éclate pan de mur ruisselant

Septembre 2003

LA NAISSANCE DU DÉ
(extraits)

Il y a par le hublot des îlots de rancune

Puis des hommes pommiers et nus
comme des femmes
Scintillantes délabrées et que le temps attache
aux cheveux des récifs
en épingles de brume

*

Immuable   lubrifiée à la salive des vertus
droite   tel un cimetière
          à l'écart du matin

serpents désabusés   sa paupière sa main de similitude
poils
mousses de solitude

Jardins de dédain Virils noyés arrosés de miroirs
de tous leurs joyaux mon sang est le plus odorant

Errante Compagne des loups Berceuse des poires célestes
à présent prisonnière d'une fontaine

*

Un bras de silence

Sous les paupières du linge
les lampes de pluie trempent dans l'humilité profonde

Tendu   le bonheur est une corde rauque

ETOILES D'ARAIGNÉE
(extraits)

Peau précoce à jamais en fleur
N'égale le caillou qui l'habite
Que par l'odeur

*

Eponges gorgées d'encre au lieu de poumons

*

Parce que mes seins
Sont lourds
D'un lait très sombre
Et pourpre
Je vais
Par le soir
Ainsi qu'une bergère
Regarder paître
Mon troupeau
De souvenirs
Je vais
Par l'espoir
Ainsi qu'une prière
Sage
De tant d'abus
Egrener
En secret
A l'ombre
De l'âge
Mon chapelet
D'obus

*

Baisers
De bois mort
Sur le sang
Elastique
De mes seins
Sonores

*

J'ai perdu
Mes deux seins

Je ne sais plus
Où
Cacher
Mon
Coeur

*

Mon souffle
Amoureuse couleuvre
Dénoue
Sans cesse
L'écho de tes sentiers

POÈME INÉDIT (2003)

Camphre dessous les vignes Nuit nociceptive
Un assaut antique saisit la somnolence à la cheville
Cendres dévolues d'une solaire envergure
aucune fleur ne sied
falsifiées boutonnières dès l'heure
où les ongles se pâment
aux épaules
déserteur
Une rencontre gît
éclatée
Secousse
pleuvoir impatience et rompt
l'attente
à la hanche
souffrir-filaments
A l'aube les paupières bleues ne sont jamais nuage
aux doigts
de celle qui
Toute splendeur coulissante
restitue
à l'étreinte
Lendemain fébrile guillotine des retrouvailles
Myriades d'écume en mille chevaux
déroulent aux pupilles
amoureuses
un invincible instant
Aucune paume n'a de parole
prudente apparition
un visage à hauteur vacillante de l'envol

LA NAISSANCE DU DÉ
(extraits)

Entre la robe et l'impasse
la peau de galets

amour protubérant d'ennui réciproque

la fourmi amasse à l'insu de l'exil
                    les graines d'angoisse

ETOILES D'ARAIGNÉE
(extraits)

C'est la saison du doute

Effeuille-moi
Les pores

*

Car mes lèvres délirent
Quand viennent s'échouer
Aux crêtes de mes doigts
Les figues de ta pensée

*

Les bourgeons assassinés
s'élancent
les fruits s'emplissent de la pulpe des plaintes

POEME INEDIT

Drapé de persiennes closes le sang se décide semaines souveraine des arbres la blanche solitude se pare colliers alcoolisés tu soulages la souvenance tu semelles d'alcôve triomphes de départ

Amoureuse déchiquetée comme ciel ton épaule
ce malaise celé O cimes des phalanges de satin
j'arpente le parfum de défuntes censures

Reza HIWA

Reza Hiwa est fait de trois moitiés, une moitié kurde, une moitié perse et une moitié française ! Descendant de la lignée des soufis du Kurdistan, il est né à Téhéran, dans un quartier populaire, à majorité azéri. Il y apprit sa première leçon de *survie*, qui était de mentir sur son identité. En effet, sa mère, pour le préserver des humiliations, lui interdit de parler kurde. Il ne se mit au kurde qu'à l'âge adulte, et pour le parler avec un accent perse. La première fois qu'il vit un livre de poésie kurde, ce fut à Halabja, sur le chemin de l'exil.

En pleine chasse aux sorcières, il fuit son pays au début des années 80, et arrive, après un voyage long et difficile, à Paris, en 1984. A cette époque, il ne connaît pas un traître mot de français. Il raconte l'histoire de ce voyage dans *Promenade* (d'où sont extraits les poèmes présentés). Très vite, il se marie et se retrouve avec trois enfants qui portent son nom, qui ont les mêmes yeux que lui, et son goût pour le riz iranien, mais qui parlent français comme leur mère.

A force d'être un immigré, même dans son pays natal, il a choisi d'être un poète errant. Il travaille à Londres depuis 1995. Il fait la navette entre Paris et londres. Ses « poèmes en train » peuvent former un ensemble, *Le bout du tunnel* ? Depuis quelque temps, il a retrouvé le chemin du persan. Ainsi commet-il des crimes littéraires en français, en anglais et en persan.

Ma science poétique

Ma science *poétique* ne va pas plus loin que le savoir gynécologique d'une paysanne kurde qui accouche dans les montagnes et coupe le cordon avec ses dents. Je ne peux pas plus parler de *poétique* que la poule qui, pondant un œuf à ses heures perdues, ne pourrait parler d'omelettes.
J'aime bien l'accouchement, j'adore les enfants et j'ai même envie d'une bonne omelette, tandis que j'écris ces lignes, mais il ne faut pas me demander le comment ni le pourquoi.
Je suis un *poète-couche-toi-là,* un *poète facile,* qui se met au pieu avec la vie trois fois par jour, et se fait engrosser par elle. Les contractions et les accouchements ne sont que la suite *logique* de ce mode de vie, et non un acte *délibéré* et encore moins *logique.*
Je suis un revenant, récidiviste de surcroît. Le Destin a tout fait pour me faire basculer de l'autre côté. Mais, au bout du compte, c'est moi qui l'ai usé. Il a fait de moi un exilé *chez moi,* où la première chose que l'on m'apprit fut de mentir sur mon identité. Il m'a volé ma langue, m'a envoyé deux dictatures, avec tous les accessoires : poursuites, combats de rue, pétards… Cependant, j'étais toujours là. Je lui ai même conseillé de ne pas gaspiller l'argent des contribuables, c'était inutile, j'étais invincible, mais il lui a fallu encore essayer. Son dernier coup, le plus efficace, fut aussi le plus économique : un couteau de cuisine rouillé, initialement destiné à tartiner, planté dans le dos. Il a failli réussir cette fois.
J'ai tué le Destin ! Au moins le mien.
C'est au fond de cet abîme, quand je contemplais ce tas de viande sanguinolente qui pompait dans ma poitrine, que j'ai vu pour la première fois ce bonhomme qui était là depuis longtemps, depuis *moi.* Comment avais-je pu l'ignorer ? Chaque fois que j'ai des contractions, c'est lui qui me délivre.

Le jour où, à sept ans, dans le quartier ouvrier de Téhéran, Javadieh, les potes de ma bande m'ont laissé tomber parce que, dans une bagarre, celui d'en face m'a traité d'*Omari* (version humiliante de *sunnite*), je suis rentré chez moi en faisant le fier, et c'est lui qui chialait (et chiale encore).

Quand j'ai visité la prison de mon pays pour écouter le délire in-
descriptible de ce frère qui cherchait à penser à autre chose pendant les quinze minutes qui le séparait de son prochain interrogatoire, c'est encore lui qui prenait des notes.

Quand, à Jénine, on déclara devant tous la chasse ouverte, et qu'on tira sur ce père qui faisait de son corps un bouclier pour son fils (qui ressemblait tellement aux miens), les criblant de balles tous les deux, c'est encore lui qui m'a présenté sa démission : *je ne veux plus être un homme.*

Le jour où il fallait ouvrir la séance des *Poets against war* à Londres, avant l'invasion de l'Irak, je n'ai pu écrire de discours et c'est lui qui m'a soufflé un poème.

Mon œuvre la plus *kurde* n'est même pas écrite en persan ! L'histoire des dix mois écoulés entre le jour où j'ai quitté Téhéran et le jour où j'ai mis les pieds à Paris, ma *Promenade,* est entièrement en français. Je ne songe même pas à la traduire. Je ne peux même livrer ce témoignage dans la langue de ceux qui l'ont suscité. Je prends le parti de présenter cette dyslexie historique comme le cœur de mon témoignage. Ils m'ont volé ma langue, je les traîne devant les tribunaux en bégayant. C'est ma *Promenade,* c'est leur *poison.*

J'ai peur des mots. Indiquez-moi un seul sujet qui qu'on ne puisse aborder que par eux, je vous traiterai de menteur. Un sourire, un silence, un regard à la dérobée, une caresse… en disent autant que des dictionnaires entiers.

Les mathématiques m'ont convaincu que le langage, quand il n'est pas menteur, partisan ou faux-cul, est trop souvent ambigu et fondé sur des axiomes non vérifiés, des préjugés qu'il faut décortiquer et décoder.

C'est pourquoi je suis rempli d'admiration pour ceux qui emploient les mots avec grâce et justesse, ceux qui en font un tapis volant pour nous emporter loin, ailleurs, là-bas.
Ainsi utilisé-je les mots avec des pincettes. Je veux qu'ils soient discrets, qu'ils ne bougent pas trop et ne se fassent pas remarquer. Surtout pas de rime ! Comme n'importe quel Iranien, j'ai bu du bon Khayyâm au sein de ma mère, et je ne gaspille pas les mots. Econome, je vais à la chasse aux mots, pour m'assurer qu'il n'y en a pas un ou deux cachés quelque part. Allez oust ! Retournez au dictionnaire et laissez mes filles tranquilles. Ce que je délivre, ce ne sont pas des mots.
Mes filles vont partir, elles vont fréquenter les autres, pour leur chanter, leur raconter des histoires, et écouter les leurs.

Soyez des *filles faciles* et n'ayez pas peur de l'amour
mettez vos nez rouges et faites rire les enfants
tirez sur les tyrans
allez au chevet de ceux qui ont perdu leurs ailes
réparez les rêves
volez au secours de ceux qui ne savent pas aimer
faites-vous adopter par des fous
ils ont tous des filles
encouragez-les à sortir
à ne plus être timides
et à jouer avec elles

vous n'êtes pas là pour passer le temps

partez.

LA GLOIRE

A Jénine

Après la victoire
rentrant à la maison
les braves soldats
ont cassé tous les miroirs
pour éviter le regard du dernier témoin

ECOLE

Aux mères palestiniennes qui ont donné naissance
sous le couvre-feu

Venez l'arrêter
je connais la cachette d'une jeune *terroriste*
je sens ses mouvements
il est pressé de nous rejoindre
                plus tôt que prévu,
je suis en travail

FABRIQUE

Aux femmes

« J'ai une grande nouvelle pour toi, papa »

Ça y est !
Ma fille est maintenant une femme

on dirait que c'était hier
quand j'ai vu son utérus
dans celui de sa maman
ces poupées russes
qui nous mettent au monde

si l'humanité perdure
c'est bien grâce à nous
et si je me bagarre pour la paix
c'est pour que le jeu continue

TOUR DE CONTRÔLE

Mon soleil
mon fidèle ami
mon compagnon de route
toi qui te lèves à l'Orient
aie un regard pour eux
ma maman et mon frère
ils sont partis d'Orly
direction chez toi

ON VA SOURIRE DE NOUVEAU (*)

Deux oiseaux de mort
deux tours

mille oiseaux de mort
des villages

et tout en haut
une colombe
en sang

(*) *Titre d'un dessin d'une petite fille new-yorkaise, témoin de la catastrophe.*

PROMENADE DU SOIR

Hier,
j'ai entendu la chanson du champ
mon champ de blé
sous le vent léger du soir,

hier, j'ai vu des cadavres de coquelicots
sans aucun pétale,
mais encore debout
en quête d'une rencontre

hier, j'ai entendu des oiseaux
sacrées poissonnières
crier et chanter
n'importe quoi
sans nulle retenue
et tous à la fois

hier, je n'en ai entendu
aucun dire aux autres
« celui qui n'est pas avec nous
est contre nous »

MON VILLAGE

À la mémoire des poètes et écrivains iraniens disparus lors des crimes des années 90 qui sont toujours restés dans le noir

Il était une fois un village
où vivaient des hommes
au visage triste
aux poings fermés
cachés dans leurs poches,
où vivaient des femmes
à la beauté sauvage
qu'il fallait couvrir
comme si c'était une honte,
où les enfants n'avaient pas le droit de jouer
c'était une maladie, paraît-il,

il était une fois le même village
où vivait un poète
et son ami l'Oiseau
aux couleurs d'arc-en-ciel,
un matin à l'aurore
sur les toits du village
ils chantèrent une chanson
au parfum des roses de Kachane
qui parlait du vol
et du rêve

personne ne les a plus vus depuis
mais au village
on fredonne toujours la chanson

PARIS

Aux immigrés qui sont tombés pour te défendre

C'est pieds nus
et le cœur plein
plein d'histoires
que je suis venu à toi
que je t'ai trouvée
ma belle

j'ai traversé des montagnes
transformées en désert,
j'ai inventé des étoiles
pour écrire des lettres,
j'ai inventé des lettres
pour écrire aux étoiles,
j'ai parlé à l'oreille coupée
d'un soldat inconnu
une oreille toute seule
un peu trop tirée
qui avait perdu son bonhomme,
je lui ai pleuré mes yeux
et je lui ai vidé mes tripes
mon dégoût de la guerre,
j'ai cassé des murs
qu'ils soient dans les têtes
ou bien dans les cœurs
pour écrire dessus
« vive la liberté »,

c'est pieds nus
et le cœur plein
plein d'espoirs
que je t'ai adoptée
ma grande

et aujourd'hui,
je traverserai des déserts
et des montagnes minées,
je réinventerai des étoiles
pour écrire des poèmes
et les réciter
à tout le village,
j'irai jusqu'aux étoiles,
je déplacerai la Seine,
j'en ferai une ceinture
pour te protéger,
je trouverai enfin
le soldat inconnu
que l'oreille avait perdu,
je le ressusciterai
je le collerai à l'oreille
et j'écouterai leur histoire
que je crierai ensuite
sur le toit de l'immonde,
je mettrai ma main
au fond de ma poitrine
pour y arracher cette chose
qui est remplie de toi
qui bat à ton rythme
et te l'offrirai
si on te frappe

c'est pieds nus
et le cœur plein
plein de poèmes
que je te défendrai
ma libre

EQUILIBRE

Il y a ceux qui gagnent une année de votre salaire
le temps que j'écrive cette phrase
et ceux qui tombent de faim
le temps que vous la lisiez

il y a ceux qui vendent des chansons
plus cher qu'une année de votre salaire
ceux qui en achètent avec votre argent
et ceux qui en logent les éclats dans leur chair
et en tombent
à l'œil

chacun sa place
chacun son rôle
et la terre continue à tourner
le monde à gouverner
les poètes à poétailler

et moi à vous laisser tranquilles

CERCLE
(dialogue)

Aux victimes passées et à venir : c'est si facile d'être victime et si dur de rester juste

Je dis : *je suis une victime*
il dit : *j'en suis dévasté*
je dis : *je saigne*
il dit : *je t'offre mon sang*
je dis : *ma colère dépasse les bornes*
il dit : *elle va aussi loin que ta souffrance*
je dis : *j'ai la mémoire*
il dit : *tu me rassures*
je dis : *je vais agir*
il dit : *bienvenue à bord*
je dis : *je cherche la justice*
il dit : *je te soutiens*
je dis : *je me vengerai*
il dit : *je t'en empêcherai*

VOCABULAIRE

Je connais un pays où il y a trente-six mots pour dire
soleil
j'en connais un autre où il y a quarante-sept mots pour dire
neige

je connais aussi un pays
au parfum de mon enfance
aux hymnes des années rebelles
où il y a des dizaines de mots connus
des centaines de mots imagés
et des milliers d'autres
jamais prononcés
avalés, étouffés
pour crier *liberté*

et je cherche cette terre
où il n'y a aucun mot spécial pour ça
où *vie* veut dire aussi *liberté*

SOLDAT

Aux soldats israéliens de Refuznik qui militent pour la paix

« Non,
tu ne tireras plus jamais
sur un enfant
dont tu as tué le camarade
même s'il te lance des pierres

non,
tu ne tireras plus jamais
sur un vieillard humilié
dont tu as occupé la terre il y a longtemps
et dont tu viens d'offrir la maison au bulldozer
même s'il te hait

non,
tu ne tireras plus jamais
sur une femme dévastée
dont tu as pris le dernier enfant
même si elle te crache dessus »

Aujourd'hui,
en rentrant chez moi
quand je serre ma fille contre moi
je peux lui dire à l'oreille
« non,
tu n'auras pas honte de ton père »

LA GRÈVE

Si vous ne reprenez pas le travail
j'ordonne aux maîtres-chiens de lâcher leurs bêtes
dit le patron
Monsieur Ledinner

et comme ils ne reprirent pas le travail
le patron décida de passer à l'acte
assez de sentiments avec ces vauriens
mais il y eut un problème imprévu
les choses ne devaient pas se passer comme ça
les maîtres-chiens étaient aussi en grève
ils distribuaient des tracts aux passants

Ledinner s'approcha des chiens
qui lisaient les tracts de leurs maîtres
chiens affamés
chiens en colère
aussi affamés et en colère que leurs maîtres
Leddinner leur ordonna d'attaquer les grévistes
c'est un ordre
aucun mouvement côté chien
je vous dis que c'est un ordre
le sang monte
et Ledinner recule d'un pas
sans quitter les chiens des yeux
les yeux dans les yeux
il recule pas à pas
ils avancent vers lui
il s'arrête
inutile de reculer
dernière tentative dernier bluff
il hurle une dernière fois *c'est un ordre*
c'est trop tard

le chien le plus ancien lui fait face
Leddinner ouvrit la bouche
aucun son n'en sortit
le chien ouvrit grand la gueule
et poussa un hurlement
on aurait dit qu'il crachait toute sa vie de chien
toute sa force sa colère sa faim
il fut suivi par dix autres chiens
aussi en colère aussi affamés

Ledinner n'existait plus
il ne tremblait même plus
il s'imaginait déjà dans la gueule du chef
il attendait les crocs à tout instant
il pensa même qu'il aurait dû faire un régime
il était trop gras et ça encourageait les chiens
déjà sans régime en l'espace de quelques secondes
il avait perdu des tonnes !
le silence s'installa
plus de hurlement : ça l'inquiéta
il s'était habitué aux hurlements
on s'habitue à tout
mais le silence lui faisait encore plus peur
il ouvrit les yeux
le premier chien s'approcha et lui tendit un tract
ils s'en retournèrent tous d'un pas grave
d'un pas décidé
de ces pas qui mènent loin
et ils se mirent à distribuer des tracts
en laissant seul Ledinner
seul dans sa tête

le patron lit le tract très attentivement
après avoir changé de froc
et la grève se poursuivit

David SILVESTRE

Né en 1971 à Paris. Ingénieur. Prépare actuellement une maîtrise de lettres.

Dans l'enfance, écrit un roman d'aventure au pays des gommes.
Fréquente l'Angleterre et ses habitants.

Etudiant, hésite entre les lettres et les sciences.

A Toulouse, rejoint les ateliers poétiques de Serge Pey.
Prend la parole.

Etudie les aurores boréales de Jupiter.

Interventions de poésie en classe de français au collège.

Publie 5 poèmes dans Poésie 2002 de décembre.

Travail en cours sur le visage.

Poétique

Tout est parti de cette émotion : avec un seul mot, le monde peut vibrer.
Je dis : « un mot ». Pourquoi un mot est-il une lampe d'Aladin ? Pourquoi un mot, soudain, devient-il « parlant » ? Quelle est cette parole, autonome, chuchotée par le mot à travers son sens ? Le mot est plusieurs. Le mot du dictionnaire, le mot du journal, du poème, le mot dans la parole de l'autre, disent autre chose que *ce qu'ils veulent dire*. Le mot transporte au-delà du langage le dit de ce qui est.
Adolescent, je lisais émerveillé Rimbaud, et « le bruit des vagues, la nuit, le long de la coque et autour du steerage ». Le *steerage* ? Entendre ces vagues dans l'atmosphère moite de la cale, sentir l'odeur du bois doucement moisi. Et relire cette phrase et entendre à nouveau. Autant de fois que l'on veut, relire et entendre, sentir à nouveau cette ouverture soudaine. « Etait-ce donc ceci ? Et le rêve fraîchit. ». Mais la fascination reste, et le poème fonctionne, l'émotion peut être répétée, re-traversée.
Quelques années après, dans un collège de Maisons-Laffitte, je parle devant une classe de 5e du pouvoir et de la liberté que peut avoir un mot. Leurs yeux sont arrondis par l'attention. Afin d'illustrer mon propos, j'écris à la craie blanche sur le tableau noir le mot « oiseau » et demande : « qu'est-ce que c'est ?». Joyeux concert de réponses : « un oiseau ! lequel ? un oiseau bleu ! mais non c'est un grand oiseau multicolore ! ». D'autres disent « mais monsieur ce n'est pas un oiseau, c'est un mot ! ». Chacun a vu *son oiseau*. Tous ont fait l'expérience émerveillée, en parlant, en essayant de dire ce qui leur paraît si simple, de ce début du voyage, lorsque dire soudain devient faire exister, devient convoquer.
Voilà pourquoi il y a cette source permanente, et pourquoi l'écriture poétique peut exister. La poésie ne me permet pas

seulement d'habiter le langage, mais de lui faire dire *mon* monde, celui dans lequel *mon corps* vit, maintenant. Bonnefoy parle de « toute une terre, d'un coup, rendue à sa soif ».

Dans l'écriture, le mot s'écoute. Entre la parole et l'écoute, le poème devient « fait pour l'oreille de l'autre ». A Toulouse, les murs de la bibliothèque sonore du Mirail s'ouvraient pour laisser place à des caravanes de nomades portant leur parole dans le désert comme leurs pas. Cheminement des mots sur l'étendue, à la rencontre de l'autre. Emotion portée par la voix, la bouffée de cigarette et le rayon de soleil. Assis sur un grand tapis, nous avons partagé le vin, les figues sèches et le fromage, comme au retour d'un long voyage.

Car ce mystère du mot tendu d'émotion et de sensation est un de ceux qui font écrire. La parole poétique est, dans toutes les langues, comme un corps vivant qui se transporte. La langue tendue, les yeux hors de leurs orbites. Allant vers le mot comme il vient à moi, lorsque j'écris un poème, chacun des mots se présente à mon corps en premier. Et cette parole me cherche, en même temps qu'elle se cherche. Ce voyage de l'un vers l'autre se produit au pas de l'éclair. En un instant le regard se tourne, se détourne, du mot vers le monde, du monde vers les mots. Alors dans le poème le mot devient un appel au dehors, vers la respiration, la voix, le regard de l'autre. Aussi, vers son paysage, sa ville, les chemins qu'il parcourt, les mers qui scintillent devant ses yeux.

Vers là où il y a des sources.

Le soleil et le chant ouvrent ta chemise et touchent ta poitrine. La guerre projette les soldats hors de leurs guérites en flammes. L'arbre et l'eau de la rivière bruissent dans le printemps revenu.

Etirement imperceptible, à travers les mots, du monde vers ton corps.

SORCELLERIE

Chaleureuse Présente Rose Animée
Environnée de lave et de diamants
Souple Périssable Galbée Présente
Défais de ta chanson douce les larmes du jour

Connais la brutalité de la vie
En ton feu
Masquée Pensive Alanguie Caressante
Et la chanson douce

Défendre le jour Avoir les rivières pour amies
Profusion Rayonnement Cris Elan
Arrache Simule Souffle
A travers le rugissement favorisé

Liquéfaction Trépas
C'est le temps où goudronner des voies
Fièvre Etoile Regard Tension
Nudité Nudité nue

SOIF

Le silence   noyeux Silence est là
Poutre   tu suis   Tu étanches ta soif
Comme l'enfrage Comme le bourdon
Et nous jouons et courons etc...

Allons reviens vers l'isthme
Reviens déplie   Minutes tordues
Tu bois sans t'arrêter   Aimant d'alors
Le moseil dans ce paysage

Voici le temps revenu
Et l'autre enlacé

Quelle arme projeter sur toi
Quel songe Quel jour Quels plus hauts instants
Quel deuil abattu
Ils ont trouvé ta main tant cherchée
Leurs trains et leurs bateaux
S'arrêtent et se métallisent au pied
De l'escalier que tu habites
Tant de fois mystérieux Démons violets
Tant de fois dans leurs mains la gaffe t'éloigne du rivage
Tu cries Tu t'accroches à la rive
Mais il délivreront le message de la mort à l'Est
Ils porteront nue la vierge fébrile à l'Ouest
Journée de deuil et d'effroi
La guerre malheureusement la guerre
Sur les beaux tapis bien épais des hôtels
La guerre hors-tout
Quel oxygène te donner à respirer
Quel sang à boire Quelle cigarette te donnera pour cible
Le bateau heurte son quai
Dans ton corps j'étais
Et maintenant

HA !
Le rire pénètre les limites du poème
La parole désirante
“Mon cher, vous me paraissez méprisant...”
Ce que je dis est en miroir

HO !
Contemplons ce paysage que nous construirons
Abîmons-nous
Qu’en diront les affreux jaunes
        Qui courent dans les champs sous l’orage?
        Les affreux jaunes Les affreux Jojos

HE !
Cet homme porte sa veste et son pantalon
Dans ses bras
Cet homme armé est de toutes les guerres
Pas une goutte de pluie ne l’arrête
Cet homme tombe dans l’horrible miroir marin

HI !
Rire revenu
Idoles redescendues ou sacrifiées
La présence est désir
Tension électrique dans l’air saturé d’orage
                        Tu me touches

VITRINE

Pain d'épice jouera premier
Et deuxième troisième dernier
Si aucune boîte de conserve n'accepte
L'affût que vous lui tendez
Sous prétexte d'entrer sans acheter

Je choisirai alors la saveur
Et j'ordonnerai qu'on apporte le cheval et les épices
Et vous serez la monnaie qui trébuche

A la chasse des habits rouges
L'atmosphère d'arrachement musculaire
La fera vaciller et perdre pied

Je recueillerai son premier souffle

Il y a des arbres certains de leur

Dénudement

Oh! comme l'air est grand !

à mon père

Et il étreignait le soleil dans les nuages ?

Il ferait le lit du vent   Ce seraient
les montagnes pourpres
l'air pur
Marcher entre ici et l'horizon

Et cette course lente entre la fenêtre
Et l'air froid   lumière
L'horizon   la course   le cri

Couleurs d'automne

Comme dans l'eau   comme dans l'air
le rire En marchant
les yeux

ENFANT D'ICI

Les enfants écrivent des maisons
D'enfants
Ils découvrent le soleil et la lune
Eclosion d'animal et de rivière

Familles emportées Histoires d'ici et maintenant
Les enfants sont toujours là
L'enfant est toujours présent
Et ton Cri Tu vois C'est ici

Enfant de femme Dans le soir
Chuchotement échangé Parole
Et rire tous ensemble Enlacés
Paroles d'ici Enfant de toujours

En dehors de la fenêtre

Ton
Odeur douce de femme

Autour de moi
Respire

Le ciel ému nous enlace

Enfin

Toute femme
Homme entier

Les échanges dorés
Du jour

Parole Vacille
Du combattant Vacille

Elan tenace Vers toi (menace)

Vie dorée du jour
Vie à profusion

Juliette TOURRET

Née le 25 mars 1977 à Montluçon dans l'Allier débute le piano à l'age de 8 ans et suivra une formation classique durant 12 ans sous la direction de Gabrielle Barraux qui va lui transmettre son amour du répertoire classique. Très vite Juliette va s'éloigner des partitions de ses compositeurs favoris (Satie, Debussy, Chopin...) pour regagner son propre espace : celui où les notes convolent avec les mots, et finalement les retrouver à travers son inspiration créatrice. C'est ainsi qu'elle se met à composer ses propres chansons. Après multiples expositions de ses textes, elle publie en août 1998 un recueil de poèmes intitulé *« jours et nuits d'une vie entre deux virgules »* aux éditions des Ecrivains Associés. Parallèlement à sa carrière de auteur compositeur interprète, elle nourrit une passion pour la comédie et suit actuellement des cours d'art dramatique au sein du « laboratoire de l'acteur » dirigé par Hélène Chéruy et fait aujourd'hui partie de la compagnie des « rires et des larmes » dirigée par François Melchiory (directeur du chœur français de l'Opéra et concepteur entre autre du spectacle son et lumière du Puy du Fou). En outre, elle travaille sur la pièce musicale *« mot à maux d'A... »* qu'elle a écrite et composée en collaboration avec Nicolas Southon.

La poésie ?

...à Aline, à ma Sœur...

Les mots au-delà du sens qui les habite, au-delà des contours de leur définition, dont chacun est prisonnier, sont plus encore que de simples signes au service de la pensée. Ils sont un matériau doué de goût, de couleur, de résonance. Une pâte à modeler de l'esprit. Ils ont au contact de nos bouches, dans l'oralité une faculté à claquer, glisser, rouler, à se mêler les uns aux autres comme des notes dans une harmonie qui transcende le sens, et peuvent simplement au même titre que les couleurs d'une toile donner naissance à un tableau vivant qui touche au cœur sans se heurter aux mailles de la raison. J'entends par là qu'un texte prend forme dans un alliage dont la puissance d'évocation par les images qu'il procure est redoutable douce et inexpliquée. Le poème, cette mise en forme d'une réalité au-delà de ce qu'elle représente, comme un pont qui achemine vers une autre réalité.

Il y a bien sur le plaisir, ce plaisir du mot, avec son propre rythme, sa musicalité, ses impertinences, ses fuites, ses silences, la possibilité par ce mot de jouer sur le papier, d'entrer en contact avec la liberté, de toucher à la beauté invisible des êtres et des choses, de construire l'irréalisable, et au-delà du rêve encore de voir les yeux fermés parce qu'il n'est plus nécessaire de voir pour sentir, vibrer, pour aimer. La poésie est un sursaut de l'esprit au matin renaissant. Le possible parmi les possibles. Un état constant, un constat non, mais la vision reformée d'un monde à travers les mots. Une terre d'accueil où tout reste à faire. Mais surtout, elle se vit.

La poésie déstabilise, agace, ennuie. La poésie fait peur, ce mot même de *poésie* effraie simplement parce qu'elle entraîne dans des contrées inconnues qui demandent un lâcher prise, une croyance immédiate en une réalité qui n'est plus celle que l'on voit mais celle que l'on crée. Peut-être aussi parce qu'elle est victime d'une image ancestrale véhiculée par un inconscient collectif enclin à penser qu'elle n'est que vers et rimes, forme déterminée sibylline et donc inaccessible. Et pourtant je persiste à croire qu'elle nous est vitale comme l'air, l'eau et le feu. Pourquoi ? Nous faisons de ce monde un enfer où tout doit prendre sens selon des règles préétablies – une soif de pouvoir – qui bousillent nos vies. Je vis ma poésie parce qu'elle est devenue le seul moyen de supporter ce quotidien barbare, parce qu'elle est la vraie rébellion. Quand je parle du quotidien, je n'entends pas seulement ma routine de jeune femme européenne née en France à l'abri du besoin, des conflits…je parle de la femme, de l'être humain mis au monde comme une partie de ce monde et qui s'inscrit comme un élément parmi les éléments avec cette faculté qui lui est propre : penser. La poésie est un art de penser, de percevoir et d'agir sur les frontières du réel en repoussant sans cesse les limites telle une quête infinie. Inutile et vaine ? je réponds : vitale et féconde ! C'est une voie, une voix inspiratrice, un passage entre tout. Une tentative de comprendre ? je ne sais pas. Plutôt une forme de contemplation active, un état d'imprégnation de l'être qui se met à l'écoute et matérialise par le mot, mais aussi le mouvement et donc le corps, un certain regard sur ce qui l'environne. La poésie nous mène du visible vers l'invisible.

Cet au-delà proche et lointain à la fois qui abolit les limites en même temps qu'il puise dans les racines de la terre. Absorption des paradoxes entre le tout et le rien, chemin sans cesse renouvelé sans commencement ni fin, simple orifice fécond d'où jaillit l'insoupçonné à la lumière du cœur. Folie éclairée dérangeante et salvatrice, voyage immobile…

Dans la tiédeur de la nuit qui s'élève je m'allonge seule sur la moiteur des draps vides. Je devine tes mains dans ma peau qui se mêlent et s'empare dans une subreptice danse de mon corps dévoilé. Un frisson d'émoi déroule ses notes en staccato sur ma peau. De mes pores jaillissent sueur et vapeur d'eau acide quand le souffle haletant me murmure encore ses mots d'amour fort. Fou battement de cœur lâché en désordre sans mesure. Respire, dévore-moi, dégrafe l'écorce à mon ventre affamé que ruisselle la sève du désir sur la racine mère. Que les joncs du plaisir nous enlacent, nous étouffent à l'unisson. Les draps se froissent, mes reins vont et viennent avec lenteur, fougue, dans la plus imparfaite cadence. L'infini à portée de voix résonne sur les murs d'enceinte d'un amour sans écho. Volcan. Gratte-ciel. Asphalte brûlant. Tamise. Plaines arides que des voix en puissance arrosent. Vitesse silencieuse et frottements. Glissement en moi, frôlement de lèvres à vif, picotement des yeux. Sable échevelé. Tourbillon. Tout vole en éclat. Je te rêve, je t'imagine. Tu caresses ma nuque du bout de tes doigts, tu t'immisces encore, encore, encore, à l'origine d'un monde sans terre, d'un monde en eau vive, d'un monde en sang, en feu, en lave. Paupières scellées aux portes de l'illusion. Brûlure en suspens dans un cri de femme à l'abandon. Je serre, resserre, serre plus fort encore un bonheur que je ne veux pas laisser partir. Je m'enfonce tête la première dans mon oreiller, repliée dans l'ombre de cette nuit où plus rien ne compte que tu sois là ou pas. Une larme perce la muraille d'un regard cristallisé sur ton nom. Et puis c'est tout. Et puis c'est bien. Je me sens belle avec ton cœur entre les dents. Et si je me noie ce n'est plus dans la mer des sanglots, mais au sable mouvant de mon corps en déliquescence, de mon sexe mis à flot. Désormais je couche avec moi, j'embrasse mes rêves, je baise les nuages, j'embrase les steppes, d'un revers de la langue j'engloutis le monde.

affluence aux confins de l'étroitesse de l'esprit à la dérive

affluence des mots qui se choquent comme des tas de non

sens

affluence du vide en proie aux tonalités étrangères d'apartés douloureuses

affluence du rien des grimaces de la vie qui se déploie contre toute attente

l'essence en matières dissolues irradie les tissus de la chair

calme démuselée goûte d'autres parfums moins certains

quête d'un inconnu aux mains de marbre

sauvage intimité aux accents déconstruits

comme des points de lumière fixés au néant

tournoient en lutte passagères au sein généreux de rêves solitaires

rupture nette

blessure ingrate cicatrise aux yeux du temps dans un flot à rebours

inévitable circulation de l'autre en moi

sage indécision folle raison

n'atteindre qu'à son point de départ

et gagner en rien dans la lenteur

sur l'emprise du tout

comme une sphère s'affranchit des volumes

sous la simple impulsion d'un jet de pierre

entaille infinie dans l'ordre des choses

Je suis rentrée de la guerre
Le livre encore ouvert entre les mains
Il me reste une bataille
Mais j'ai jeté les armes
Avant qu'on ne tourne la dernière page
Avant que d'autres ne s'autorisent à me suivre

Et de rage je tue mon dernier espoir
Est-ce par amour ou pur hasard
Que se meurt sans même une larme
Cette vie devenue mirage

Combien de temps
Pourront-ils l'écrire mon histoire
Les yeux verront-ils inscrit en bas de page
Le mot : Fin ?

Mais qui peut prétendre vouloir l'écrire mon histoire
Quand je suis arrêtée si loin que j'en perds la mémoire
Quand le cœur piétiné par les semelles usées
De crapules divines

Hurle
Pétri de vaines espérances

Oh ! suintantes ignominies
Aux abattoirs de - ma - folie
Baignée de honte
Déferlante
À l'heure du non-dit
Quand la faim chahute le ventre
Quand enfin assouvi
Le mal ressurgit
Et s'écrie : « A table ! »

Je veux goûter à ce nectar
Limpide et lisse
Versé de leur main dans ma bouche

Je veux me gorger d'oubli
Jusqu'à m'y noyer nue

Mais l'armure grimpe
Le long du tombeau informe
De ces yeux cloqués de larmes
Mornes irisées
D'aurores noires

Sur fond en trompe-l'œil

Et quand à peine étourdie
Je me lève au matin
Un appétit féroce
D'excuses implorées
Qui me percent l'antre
- douloureux refuge de mes silences -
Inaltérée l'envie plus forte encore
D'un massacre Saint
Véritable hommage odieux
N'attend que les cloches
Qu'enfin plus une porte ne s'ouvre
Et que toi aussi
Tu puises à ma source
Le nectar rougi par le flot de mes larmes vaines

Que tu savoures sur ton lit de sang
Le parfum des sentiments mis à nus
Sans pudeur mutilés et jetés en pâture dans la cour des grands

Je me suis endormie ou plutôt je me suis éveillée. Je ne sais plus. Toujours est-il qu'il me semblait sentir sur les yeux une fine pellicule d'ambre, un coton fibreux tissé de pelotes rouges et lumineuses. J'avais oublié d'être. Simplement je parcourais d'un regard l'horizon dans la nuit, le corps porté par sa ligne de fuite. Et déjà le jour se levait. Dans sa course et fauché en plein vol par l'impertinence des anges, le temps flânait au-dessus de mers infinies dans lesquelles nageait l'étoffe de l'histoire. L'ivresse n'a rien de grave murmurait un songe.

Par vagues successives des images écarlates cernées d'écume divaguaient sur le corps. La peau respirait exhalant des odeurs sublimes chargées de sève renaissante. Le rien, le vide, la mesure insondable des particules sont de ces choses qui emportaient l'esprit en des régions dont il m'apparut alors que je n'en reviendrai pas.

Une main invisible posée sur la poitrine, j'appréciais la chaleur de l'extase au soleil de rêves alités…

Je suis un reflet
Une sorte d'abstraction
Faite d'atomes de néant

Je suis un balbutiement
Une phrase en ébauche
Un point de suspension

Je suis
Tour à tour
Ici Ailleurs
Belle et
Monstrueuse
Les deux en même temps
Un miroir obsédant
Un miroir reformant
Hypothétique conscience de verre
Toile de vie
Sur fond de lumière
Où s'enchevêtrent
L'autre et moi

Je suis
Loin du phare
Où se noie la raison

L'éphémère
Le poison
L'antidote
La mère et l'enfant

Je suis
Dans ton regard
À mes yeux le brouillard
Sans réponse
Et sans heurt non plus
Une feuille
Sur laquelle s'écrie
Une histoire
Qui me ressemble

Je suis
En guerre
Avec mon drapeau blanc
En lutte enragée et pourtant
En paix
Assise sur le temps
Je suis
Un sursaut de l'esprit
Au matin renaissant
Une ombre indélébile

Accrochée
Au soleil
Un trouble au faîte
De son cœur
Un siège offert
A qui voudra s'étendre

Je suis
Blanc et noir
Rouge sang

Je suis
Un refrain dans les airs
À la bouche d'un prince
Qui embrasse un mendiant
Une reine à bout de souffle
Qui salue la mort
D'un sourire entendu

Je suis
Une femme
Ni plus ni moins
Un homme aussi
Qui s'embrassent
Je suis La vie

Je me dresse vive
Infime dans l'immensité du cœur
Désert ensablé d'espérances tues
Des airs naïfs dessinés sur le visage
De l'amour qui se rend
Je m'adresse à toi
Gladiateur dérivant
Sur son char
Je m'adresse au-delà de l'armure
A ton toi somnolant
Caché derrière son glaive
Maladroit lutteur
Qui se lance éperdu
Dans une ultime attaque
Contre l'autre que tu sais
Déjà à terre
Membres et âme en orbite
Frôlant l'espace d'une supplique
Pendue à ses lèvres

Emmène-moi sur ton char

Venue de mes rêves d'un paradis réinventé tu mêles insouciance et grandeur d'âme tu m'enlèves au sommeil, à la nuit dépeuplée, ma nuit chinée de ton ombre vivante et claire comme une source de lumière. Atome d'un autre monde, molécule des airs qui achemine l'espace au-delà des frontières, reçois ces mots comme autant de prières que je ne ferai pas. Juste quelque mots laisser passer des songes de moi vers toi.

Mon esprit n'a de cesse de fondre en poétiques jetées comme un loup distrait par la dérision de la vie en oublie de mordre pour baiser le ventre de Vénus.

Comme l'envie de te dire un parfum désarçonné au cou

De l'éphémère et de ses ombres

Comme une absence

Comme rien

Comme le sommeil aux cernes des adieux

Comme un timbre sans missive

Comme moi

Comme elle

Comme lui

Comme tous

Et pour eux

Un rayon d'air au feu de la terre

Qui gronde

Un baiser pourpre

Aux lèvres du monde

Une larme sans sel

Comme une fatigue sans poids

Une masse d'abandon

Arrimée au cœur du cœur du cœur

Comme tout

Passera

Les illusions sont laides quand les yeux voient le jour. L'amour est un monstre sans figure qui se désaltère au ventre des femmes. L'amour comme une larme aux yeux d'Ulysse que les sirènes appellent, glisse sur la joue des peines sans fond que les puits asséchés nourrissent d'argile, et sculptent sous la paupière un coque brune. Une boule de colère pénétrante comme un flux à rebours qui se noue autour des tripes

De la raison

A n'en savoir que faire

Sinon la ronger

Comme l'os

La souffrance revêt parfois

Toujours

D'odieux apparats

Ce sont les rêves

Qui nous tiennent éveillés.

La mort m'attendra le glaive au poing
Et j'avancerai forçat les chaînes aux pieds
L'œil triste l'œil heureux
De n'avoir su trouver
Pour unique cabane ensoleillée
Que l'éternel d'un lame

De victoires en forfaits
Les batailles inachevées
Sous le regards rieur de la horde ordurière
Engorgée de remords accolée aux prières
Trop menaçante trop maîtresse
Derrière son masque barbouillée de lierre

Derrière ses promesses honteuse vérité
Obsédante agonie
Et l'arme baissée l'abandon rageur
De n'avoir supporté
Mille coups

Vaincu le vain cœur
Se rend
Le bal est fini
Le clown a quitté l'arène

Rémi Faye

Né le 27 octobre 1956 à Neuilly-sur-Seine, Rémi Faye, après des études littéraires, enseigne l'allemand dans un lycée de la région parisienne. Il a publié quelques poèmes en revues et quatre recueils : *Salles d'attente* (EFR coll. Petite Sirène, 1979), *Sang et eau* (Ipomée coll. Tadorne, 1987), *Fièvre Blanche* (Castor Astral, Prix Max-Pol Fouchet 2000) et *Entre les marges* (Castor Astral, 2002). Parallèlement à l'écriture poétique, il se consacre actuellement à la mise en forme d'un roman.

Poétique

La voix est douce. Me parvient comme étouffée par d'épaisses couches d'ouate. Distincte, tout de même. Empreinte d'une grande lassitude. C'est comme une confidence ou une plainte intime. « Mémoire pleine » dit la voix. Et les mots continuent de résonner tandis que s'égrènent de légers sons de clochettes. Je reste là, suspendu dans le silence qui s'installe et commence à m'envelopper. L'écouteur collé à l'oreille. Et ça dure… longtemps. Tout semble s'être arrêté, accroché à ces quelques syllabes. « Mémoire pleine » reprend la voix en écho. Je n'ose pas bouger. De toute façon, je suis bien incapable du moindre mouvement. Et cela dure encore jusqu'à ce qu'une série de bips explose d'un coup dans ce silence.

On a raccroché. Je me trouve idiot soudain. En un éclair, je prends conscience de ma stupidité. Malgré tout, je ne parviens pas à me défaire de cette impression : « mémoire pleine », cette parole si lointaine et si proche en même temps, ce ne peut pas être la voix mécanique d'un répondeur, une voix de synthèse, impersonnelle. Ce ne peut être que le titre d'un livre, d'un film, d'une pièce de théâtre. Ou bien l'amorce d'un poème.

C'est sans doute cela, l'état de poésie. Ce sentiment d'apesanteur qui surgit de la rencontre avec les mots les plus simples. Ce saisissement lorsqu'on est à l'écoute du langage le plus quotidien et qu'on se laisse surprendre. Ce trouble qui surgit à l'improviste, au détour d'une phrase, de ces mots toujours tentés par le silence, mais crevant la gangue du quotidien pour imposer leur vie, leur rythme, leur musique, pour susciter l'émotion. Cette tension intérieure qui naît d'une phrase, d'une sensation et qui, d'un seul coup, libère les images qui sont en sommeil dans les mots, les faisant sortir de leur léthargie.

C'est un peu comme cela que naît le poème. Quelques mots, une expression qui dérape sans crier gare, parfois une plaisanterie. Ou même un malentendu. Puis l'envie irrépressible de jouer avec ces mots, de les faire jouer, de les frotter l'un contre l'autre comme des silex pour faire naître la flamme. Le besoin d'amplifier la musique qu'ils font dans la tête, de la laisser déborder pour la faire entendre. Pour finalement donner sens à ce qui vibre en eux, au fond de ce langage qui nous frôle chaque jour sans qu'on y prête attention.

Alors, le poème s'écrit. Les mots s'agencent, combinent leurs sonorités. Les images se forment, fusent même. Le poème prend vie dans ce foisonnement, retrouve la vie dans ce déferlement. Puis la voix revient, reprend le dessus. La voix pèse les mots, mâche les mots, les éprouve, les retourne, martèle les sons, en fait jaillir des volées d'étincelles. Il s'agit de vaincre le silence, de le défaire, pour faire entrer la parole en l'autre… le lecteur. Il s'agit de rencontrer ce lecteur par delà le silence. Le poème est une flèche. Il doit toucher sa cible. Vous toucher au point de vous rendre différent, de changer l'allure de votre pas, le rythme de votre souffle, les battements de votre cœur.

Le poème ne doit pas seulement dire la sensation, il doit *faire* sensation. Il ne doit pas se contenter de narrer, de montrer une émotion, il doit *être* émotion. Il doit faire sortir le lecteur (ou l'auditeur) de son état pour le plonger dans une transe, éveiller en lui une émotion proche de celle qui l'a fait naître. Le saisir comme m'a saisi cette voix, tout à l'heure, au bout du fil.

Il fut un temps où, pour moi, le poème devait être une composition épurée. C'était l'art de l'ikebana appliqué au langage – Sobriété, simplicité –. Un tableau fait de petites touches à la manière impressionniste. Il devait créer une ambiance. Chacun devait pouvoir y retrouver une atmosphère familière. Pour l'apprécier différemment, la ressentir plus profondément, mieux, peut-être. Peu à peu, mon écriture a évolué vers une forme plus ample, plus liée, en un mot, plus jubilatoire. Les années passant, je me laisse aller. A quoi ? me demanderez-vous. Au lyrisme, voyons, tout simplement ! Au chant qui ne renonce jamais à célébrer, au chant qui nous submerge et nous entraîne au-delà de nous-mêmes.

Le texte que je propose ici décrit sans doute un parcours. Mais l'histoire importe peu ! Il est un long crescendo né d'une jouissance de la langue, un flot d'images destiné à être mis en voix.

me fais nuit de tes mains et matin de tes yeux
un jour

me fais bruyère et aube tiède sur la lande
un autre jour

me fais rire à l'oubli me fais chant dans le soleil d'hiver
troisième jour

me fais la fuite et le retour et toute l'eau sur mes paroles
quatrième jour

me fais prière et solitude me fais amant dans ton attente
cinquième jour

me fais la barque sur l'étang et me fais vague dans les roseaux
sixième jour

me fais île sous ton ciel le reflux de l'ombre à tes lèvres
me laisse la fatigue du nageur sous le balancement de tes horizons
ce jour d'aime

j'ai marché dans tes pas de sirène quand tu me charmais de paroles de chair d'amour à vif quand tu m'étais magicienne qui enchantais mes lendemains femme de ciel neuve de plaisir nageant dans ton eau de liesse

j'ai jeté mes oripeaux rendu mes armes lâché les amarres quand tu m'étais chœurs percussions cloches tocsins clairons canons pour briser ma carapace me hacher le cœur de tes rires et quand déjà mes jours s'allongeaient d'une angoisse étrange

j'ai marché mon amante clandestine éclatante et glacée sur tes chemins de juin parmi les sauges et les orges dans ces matins de jeudi où tu déclenchais tes salves de rires

marché dans tes pas de semeuse glanant tous ces gestes que tu abandonnais sur tes chemins de halage ces gestes qui toujours avaient la souplesse du désir

marché dans les traces de ta sagesse sachant que n'est sage que le fou j'ai avancé à marche forcé à travers les forêts de tes doutes t'ai suivie naufrageuse jusqu'aux marges de tes landes sur les plages de tes océans jusqu'au cœur de tee orages te laissant toujours la liberté des libellules

j'ai marché m'imaginant nuage bel aujourd'hui aventure de printemps te voyant voyelle de ma vie embrassant l'aube à ta bouche touchant les feuillages de juillet grappes juteuses de ta gorge

marché sans cesse en esclavage dans tes regards foulé de mes pieds le sable de tes rivages tes premiers jours d'été

riche soudain riche enfin ivre soudain de vivre de te voir rouge aube rougeoyante légère fraîche montant des terres de Provence et d'Espagne

j'ai caressé le rêve de ton corps dormi dans l'envie folle de ton corps posé mes doigts sur ta peau mes lèvres sur ta chair ma bouche sur tes dents mangé le pain de ton absence et bu le vin de tes matins léché le sel de ta chair les larmes de ton corps déchiffrant chaque mot de ton silence jusqu'au souffle de ta bouche pour ouvrir l'éventail de l'été au fond de ton ventre alors ont jailli mes mots et ils ont rêvé oui tellement rêvé d'être ton rêve de sirène et j'ai dit toi toi comme on dit un ciel d'outremer un soleil gorgé de liqueurs

et tu as glissé dans le poème et je t'ai dit d'être le poème de le faire vivre de toute ta voix de tous tes membres de chaque parcelle de ta peau du fond de ta poitrine

et mes mots ont été le vin à ta bouche se sont perdus sur ta langue dans ta gorge sur ton corps ont effleuré la pointe de tes seins mordu ta poitrine de jeune fille mes mots t'ont caressée prise griffée couverte d'aubes d'ombre de baisers forcée dans mes poèmes entraînée dans une lente danse de joie dans les arpèges de milliers de langues

mes mots ont giclé leur sève neigeuse lavé ton corps de leur sève coulé dans tes yeux mi-clos dans ta bouche entrouverte dans ton souffle tendres et fondants sur tes lèvres et dans ta gorge rugueux craquants râpeux entre tes dents

mes mots ont ruisselé sur ta nuque et tel un lait sur ta poitrine dessiné des rivières et des îles au fond de tes rêves remonté le long de tes jambes jusqu'à la source de ton désir et ouvert leurs corolles au creux de tes entrailles

mes mots ont fait la nuit de l'été entre tes reins toi tête renversée dans la marée qui n'en finit pas de monter et pourtant se retire

mes mots t'ont fouillée écartelée cambrée enflée de fleurs et de flammes et tu les as fait gémir buvant leur jus acide et sucré et j'ai bu à pleine bouche la fleur qui s'involve entre tes cuisses et mes paroles ont fait la fête silencieuse dans ton corps

fais-moi demain avec sa drôle de musique

des chemins tout bleus dans l'automne

fais-moi demain ses guirlandes d'hirondelles
un jour qui flambe les feux de ses forêts

fais-moi demain comme on entrouvre
une porte comme on laisse glisser
des anges sur les pentes du ciel

fais-moi demain comme tu respires
dans l'amour avec des sanglots de clarté
le soleil accroché à nos doigts

je t'ai fait femme de grande vie femme de grand soleil ouvrant le vertige dans la fièvre et l'eau brûlante de mes paroles chair suave de fruit de mer de mangue mûre incisée dans mon sang

je t'ai fait femme d'oubli joueuse de joie de tendresse de feu de ciel de lendemains d'oiseaux de ces rêves qui me coulaient dans la gorge femme de terre brune et d'étincelles dans la danse

femme de fable d'animaux écartelés retenant ton souffle dans mes paumes gardant la pluie toujours dans mon attente

j'ai changé tes chandelles en éclairs en foudroiement en rage d'écrire en rage de vivre changé mon deuil en joie flamboyante mettant le feu partout brûlant chacun des jours de ma vie

j'ai fait acte de foi acte de joie dans la vie pleurant de joie et d'amour criant de rires écrivant ton rire dans les éclats de ma voix écrivant tes paroles sur la poussière des chemins

je t'ai fait femme en voyage de Venise dans des veillées de larmes et de lavande je t'ai aimée de tous mes nerfs aimé à cœur à corps à cris à coups de sang de drames et de danses louve lavée dans mon sang

je t'ai fait fiancée de ces instants funèbres de fougères où tu fuguais vers le levant dans la rumeur du levant où tu fusais dans le silence du levant n'attendant rien pas même un mot pas même un geste n'étant plus qu'ombre à tes regards n'étant que rimmel à tes cils aveugle respirant ton haleine au matin buvant la salive de tes matins

me suis blessé à ton amour enjoué aux pièges de ton amour me suis tué à ton amour

me voilà nu dépouillé de mes songes
dans la démesure de ma propre voix

avec la terre qui hurle dans ma tête les heures
qui craquent entre les lames du parquet

je ris encore jusqu'aux oreilles au nez
des siècles aux diables qui m'exsanguent

je bois encore l'eau douce de la peur
riant de rêves comblé de fêtes de massacres

ces jours de rien petites choses creuses
où vivre est un soleil couché sur le talus

alors je t'ai fait silence de ma bouche un silence de liège noir d'acier trempé de fumée froide

je t'ai fait silence de mes mains pour mieux te dévisager un silence d'araignée dans la chute patiente du temps de flèches folles et d'aubépines profond de safran de jasmin plus rouge que ta jouissance les traces de ton sang sur les draps plus aride que le soleil oublié en plein désert

j'ai gravé mon silence sur les écorces des chênes l'ai chuchoté au fond des coquillages je l'ai crié à l'agonie l'ai hurlé à la nuit l'ai jeté à ta bouche échardé sur ta nuque

je t'ai fait silence dans toutes les langues de la terre dans les dimanches qui s'habillaient de leurs voix blanches sur le ciel blanc des berges quand les chariots du soir traînaient leurs équipages de vagues dans le calme du fleuve quand se cabraient toujours les chevaux du désir

un silence de roche de soie grège et de sommeil dans les rafales de l'automne chauffé au rouge dans tes rires d'ocre et d'or pâle dans les chansons de vendanges un silence de chasseur à l'affût du chevreuil

un silence tout blanc à ne plus voir la neige à ne plus te revoir un silence à trancher au feu des bûchers à couvrir l'éternité de chiendent à prendre la nuit à la gorge à recouvrir d'écume les forêts du couchant

un silence de terre brûlée à perte de vue à rendre l'âme et les armes et la voix où les jours vrillent les yeux raclent les nerfs tordent le cœur en secouant leurs linges de fièvre où toute la mer se jette dans le cerveau où tous les squales du soir viennent s'échouer dans le ventre si je t'ai fait silence c'est que tu es ma nuit et si j'écris encore c'est pour te plaire et pour plaire à la mort

et je te fais douleur de chaux vive et de sang chaude de charbons incandescents de coups de haches de coups de pioche violente violacée chaude et rouge et blanche de ciels éblouie d'orages

douleur de chanvre qui s'accroche à ma bouche que je touche de mes lèvres livides douleur de rage et de sang qui me charrie ses songes ses pillages jette à mes yeux sa chair charcutée de nuit

douleur qui m'écorche me racle me ronge les tripes accouche dans mon crâne ses nuages de mouches violettes dressant ses arches vers le soir dressant ses chiens à mordre à hurler à la mort

douleur de fiel et de feu qui me gésine me géhenne s'acharne sauvage sur les traces de mes jours à en faire des cauchemars et brûle ses torchons sur la viande de ma vie

solitude aux odeurs de plomb de morgue et de décharge qui jalonne mes jours de ses vertiges laisse en friche mes forêts jonche mes chemins de ses branches cassées sèches mortes mets en jachère mes saisons mortes mord dans ma chair et crache mon sang se couche dans mon corps à m'en tordre les hanches et le ventre et la gorge de sa rage

solitude qui agite ses vieux chiffons de foudre et fête dans mon cerveau ses noces de cendres qui joue à la marelle sur les marches des immeubles sous les auvents des marchés de dimanche me fige le visage me cherche jusqu'au bout de mon âge se couche dans mes draps fouillant la veine vide violette où elle pourra couler douleur de suie et de sang aux mèches de velours chamarrée d'océan qui m'encage m'enchaîne me lacère me déchire chienne qui met en charpie mes vêtements de fête mes aubes de joie ravage mes rêves change mes crépuscules en champs de ruines et gâche mes chefs-d'œuvre

douleur qui m'est mensonge et se fait chant dans mon souffle je te chasse de mes gestes je te chasse de ma vie je t'arrache de mon sang je t'arrache de mon chant et je t'arrache parce que je t'aime je t'aime et je te hais toujours je jouis de toi oh ma douleur comme je jouis du déluge et du jus de ton sexe et des cris qui me coulent de la bouche et je dis oui j'effacerai les traces de tes pieds sur le sable jusque sur le tapis de ma chambre les marques de tes doigts sur ma chair sur le bois de mes meubles les traces de tes yeux aux vitres de mes fenêtres

je marcherai encore dans les pas de la neige sous les arcades vides dans le blanc du matin je laisserai encore mes empreintes au soleil sur l'herbe des jardins et je respirerai l'air vif de la nuit finissante la solitude et le printemps

je rirai encore longtemps sur les berges du fleuve quand le ciel tout entier avec ses cloches ses armées d'anges viendra se coucher sur ma chair et me fera l'amour tout jaune dans le soir

je te ferai un rêve de miel et de sésame de grenade et de pomme un rêve à nous crever la peau à saigner le silence à te coucher des étoiles dans les yeux un rêve pour toujours jeter des papillons dans le ciel de novembre

oui j'effacerai ta vie pour la recommencer pour écrire sans fin ton visage toutes nos légendes refaire tous nos voyages sur l'écume des lagunes ouvrir tout grand les portes des saisons et toutes les fenêtres de la terre et je jouerai encore et toujours à la vie à la mort

oui je ferai toujours la folie de t'aimer à main nue de mâcher à mots crus et ta chair et tes lèvres de remettre toujours mon amour et le cœur à l'ouvrage

dans ce monde où je meurs dans ce monde où je vis je veux aimer encore je veux t'aimer encore et toujours et ne jamais souffrir et ne jamais mourir

on a beau rire on passe sa vie à barbouiller les murs de suie de clameurs nos paysages épousent la courbure du vent et crèvent à nos vitres

on remue ciel et sang on enfile des gestes d'amour on prend des regards de nuit aux forêts d'octobre

on invente des musiques pour nos syllabes on fabrique des ailes pour porter la foudre

nos cités dorment d'une eau calme le soir ici a toujours son odeur de sexe et de fauve

les rues s'échardent et se houlent sous nos pas enfin on peut se payer la gueule du silence

le bonheur après tout n'est pas ce tas de feuilles
qu'on balaie devant la porte de la maison

le bonheur ce n'est pas une saison de rires
une ronde d'enfants des couteaux dans la plaie

le bonheur ce n'est pas ce regard aux alouettes
qui laisse maintenant un arrière-goût de ciel

il faut se dire adieu enfiler son manteau
descendre l'escalier jusque dans le silence

il faut quitter la fête au matin et savoir
ce qu'on laisse à l'amour et ce qu'on lui reprend

Frédéric POUCHOL

Enfance en Colombie 1977-1990. Maîtrise de Lettres Modernes à la Sorbonne Nouvelle en 1996. Assistant des bibliothèques dans différents établissements interuniversitaires parisiens.
A publié *Les festins de Lune pleine* aux Éditions Encres Vive, 2001 et dans des revues littéraires : *Parages* numéro 5, automne 2001 « Matière et forme » ; *Rivaginaires* : numéro 28, 2003-12-02.
A paraître, *Les élucubrations de la Cendre*, aux Editions la Bartavelle.

Poétique

Il me semble que le cheminement poétique commence par une muette initiation. Par la ferveur des premiers maîtres, Neruda en grande pompe : *Puedo escribir los versos los mas tristes esta noche(...) /Nosotros, los de entonces, ya no somos los mismos*. De l'amour à la terre il n'y a qu'un pas à franchir. Apollinaire, et bien plus tard, Bonnefoy, la voix qui est venue, ne serait-ce que pour faire silence. L'âge où l'on commence un poème par des mots-phares ; mots-signaux qui réverbèrent dans la longue nuit de la poésie moderne. A mon tour, palimpseste, je rends hommage aux poètes et écris *Alcools j'aime vos brûlures distillées à petit feu.*

Mais n'y a-t-il pas de l'arrogance à vouloir rendre hommage aux chantres, aux *passeurs* de mots ? Une arrogance de scribe, d'émulateur, avant qu'un vers poli ne sorte des entrailles ? Il m'a fallu peut-être trois ou quatre ans avant qu'un recueil, L*es festins de Lune pleine*, ne prenne forme. Mais après relecture, il me paraît encore maladroit, sur la forme comme sur le fond, avec sa déréliction à peine contenue : *je l'ai perdue en cette nuit abreuvée de prières/crient les ancêtres la voix des morts nos terreurs*. Poèmes de jeunesse d'une naïveté à vous couper le souffle. Fatigue et désenchantement face aux innombrables refus d'un manuscrit censé modifier les règles de l'écriture poétique des vingt prochaines années ; le manuscrit toujours en pèlerinage aux quatre coins de la place de Paris, sans jamais trouver d'enseigne. Il y *Les festins prolongés*, qui ne trouvèrent jamais d'acquéreur et errent encore d'un dernier éclat de rire du coté de la rue des Martyrs.

Ceux qui s'adonnent à la poésie le savent, on a toujours la tentation, dans les premiers temps de l'expérience poétique, de croire que l'écriture brûlante d'un vers ascendant est d'ores et déjà don de clairvoyance, octroi de pouvoirs démiurgiques. Bien sûr, il y eut des instants visionnaires. Des voix intérieures, légères, volatiles, qui disparaissent tantôt. Échos, bruissements. Le silence, les bras tendus, menaçant de se replier au moindre bruit. J'aime ces instants qui privilégient l'attente, *le tressaillement d'une feuille sur le qui-vive*. Il fut un temps où la poésie était affaire de mœurs, de comptes-rendus avec soi-même (histoires, légendes, précaires mythologies tissées aux abords des cafés) : ***Tu brûles mon cœur entre-temps le corps/prend feu à son tour ô Soleil la peur est une /deuxième peau.***

La voix de l'absente couverte par d'autres voix. J'en suis venu aux *Élucubrations de la Cendre* où les mots tournaient en rond autour d'un feu de bois hissé dans la nuit. Vienne maintenant le temps des chants : *Pays d'aube*, *Pays de l'ennemie*, recueils futurs, qui sait, mon espérance portée dans ces vers régnant de plus en plus, du bout des lèvres : *je m'en suis pris à tes sous-bois/ à l'humus rampant le long des jambes/ des aisselles/ à la lumière prise au piège dans ta chevelure vaseuse*. Etrange période où je m'attable et déguste de la poésie contemporaine fraîchement éditée. De la poésie sans recul, dénuée encore d'apparat critique et de toute renommée (peut-être ici et là un entrefilet), que l'on peut alors consommer sans modération. Bouche pleine d'encre. Suffisamment de poésie dernier cru pour comprendre leurs carences et leurs audaces. Nous tous, de la confrérie des voix caillouteuses et des mots pentus.

I

Témoin premier le regard
qui s'abaisse et se clôt
lorsque la fille se découvre

enfin nue

II

Témoin second
l'étoffe qui couvait
jusqu'alors
le sexe palpitant

et chute enfin
rempart frémissant

orage futur

III

témoin la fille nue
injuriée par la lumière

chair nubile
trophée éclaboussé
d'énigmes

IV

témoin ces lèvres
arquées

icônes écumantes
pour des dieux ensevelis

V

témoin
les mains boueuses
qui viennent boire
à la source les seins

comme qui s'arrête
après une longue
errance

VI

témoin le bas-ventre
qui chemin faisant
s'achemine sur cette
terre de fraîche autorité

pour y échouer

VII

témoin
cette bouche intruse
qui naufragée

terrasse enfin
la sève

orage à grands pas
avenu sur la fin de l'été

Il ne fut pas convié ce feu
qui somnole dans l'âtre
seul le silence entrevit la robe
et la fille glisser le long du lit

autre témoin pressenti
l'aube qui sur le tard retourne
à son labeur

pendant que les seins apeurés
regagnent leur tanière

* * *

Je détiens d'une main
de soie les yeux éventrés
la pupille morte de la terre

et t'écraserai sur le tard
d'un battement de cils
pour mieux rejoindre
le sommeil de la terre

* * *

Cette durée de guerre lasse
figée dans la paume de la main

Ce cri que tu nommes l'exil

(rien d'autre pourtant que souvenances
toi enfant lorsque pâturages et chemins
vicinaux te proclamaient roi)

Qui dessinera les courbes du sein
une fois l'envol pressenti

lumière liquéfiée
sa sauvage offrande
tarit les élucubrations futures
de la cendre

feu l'ivresse
par le tribut des caresses

* * *

La femme entrouverte
soupesait la ténacité
des vassaux

ses doigts élancés pointaient
la sève et l'intrus de Haute-mer
ébloui par cette clarté intime

l'homme étouffa le fauve
d'un rire argenté

* * *

Cet éclair qui ferme la nuit

et les premiers tiraillements
de la lumière

aveux initiaux de la terre

sur l'autel
l'écorce des flammes
achève les derniers ombres

En mon pays de landes épineuses,
je m'en suis pris à tes sous-bois,
à l'humus rampant le long des jambes,
des aisselles. A la lumière prise
au piège dans ta chevelure vaseuse.

De retour au pays, je charrierai
ces trophées. Les troquerai
pour du sel, du pain noir.

* * *

En mon pays où l'eau
n'est que mare, j'ai traité
ta sueur à prix d'or
contre une jument
noire et deux amphores
d'huile.

Sur la place du
village, mes oreilles
sifflent et l'on parle
de commerce avec
les esprits

* * *

En mon pays le pays sec j'ai retrouvé
sous les bras la rumeur du sang le fracas
de l'eau. La rumeur disait : point d'eau
douce. Ses eaux sont salées, épaisses ;
coincées en ses jambes sableuses.

* * *

En mon pays où la lumière a la peau
noire, j'ai astiqué ton ventre jusqu'au
sang et enroulé tes cris tes suies. En ai
fait des torches noueuses.

Je suis monté au village,
colportant le feu en trophée.

* * *

Feu. L'âme de mes Ancêtres
se lève dans la nuit. Hommes
à l'échine courbée, - écorce
drue qu'aimantent les seins noirs
de la terre.

Adulte, je déferlerai
sur ton ventre ennemi. Siégerai
à la tablée des vainqueurs.

* * *

Mes mains frottent ton ventre comme le ventre
d'un animal sauvage. M'imbriquerai à tes bouches rouges.
M'acheminerai vers ces commissures où tremblent
un dernier morceau de neige, un restant de vin et
quelque carcasse de rêve. Plongerai dans ta toison
de sel, de miel. Glanerai de ce suc amer au gosier.
M'enivrerai de l'écorce, du lichen foisonnant
sous tes aisselles, cette même mousse verdoyante qui a pris
racine en ta toison. Lustrerai tes jambes jusqu'au sang.
Jusqu'à ce que jaillisse une étincelle, une première fumerolle.
Un départ de feu. Aimerai te voir prendre feu,
telle une effigie ardente.

* * *

En mon pays engoncé
entre deux cours d'eau
se sont ébruitées ta beauté,
tes jambes tièdes comme le lait.
Propagés par monts et chemins :
tes pays d'automne
retenus du bout
des lèvres.

Achevé d'imprimer par Corlet Numérique - 14110 Condé-sur-Noireau
N° d'Imprimeur : 19314 - Dépôt légal : septembre 2004 - *Imprimé en France*